Und so geht's:

Das Beispiel auf dieser Seite zeigt, wie du mit miniLÜK spielst. Diese Übung findest du auf Seite 2 und 3.

Öffne das miniLÜK®-Lösungsgerät und lege den durchsichtigen Boden des Lösungsgerätes auf die untere Übungsseite deines miniLÜK-Hefts.

Nimm Plättchen 1. und sieh dir Aufgabe 1. an.
Dort siehst du das Bild einer Nase in einem grünem Feld. Suche nun das dazugehörige Wort. Auf der unteren Seite findest du die Lösung in Feld 8. Lege also Plättchen 1. auf Feld 8.

So spielst du weiter, bis alle 12 Plättchen auf dem durchsichtigen Teil des Lösungsgerätes liegen und keine Bilder mehr zu sehen sind.

Dann schließt du das Lösungsgerät und drehst es um.

Wenn du das bei der Übung abgebildete Muster siehst, hast du alles richtig gemacht.
Passen einige Plättchen nicht in das Muster, löst du diese Übungen noch einmal. Stimmt es jetzt?

Und nun viel Spaß!

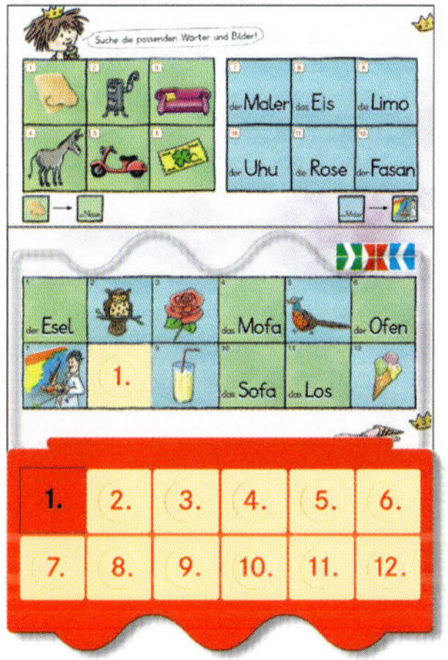

Suche die passenden Wörter und Bilder!

1.
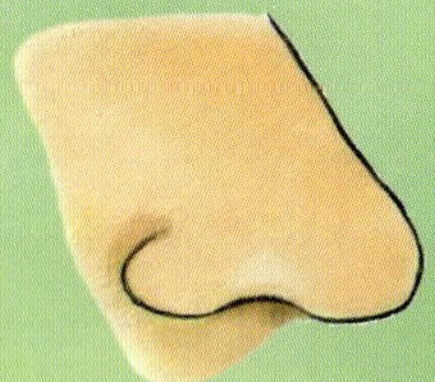

2.

3.
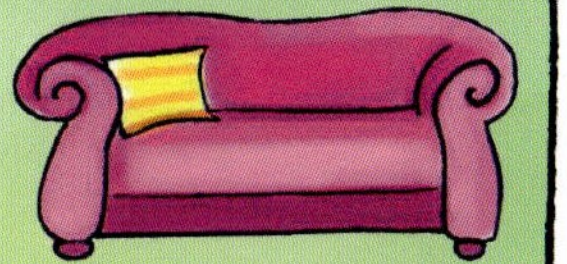

4.

5.

6.

7. der Maler

8. das Eis

9. die Limo

10. der Uhu

11. die Rose

12. der Fasan

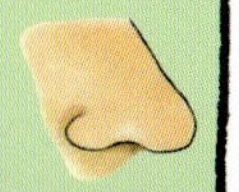 → die Nase

der Maler → 

1	2	3	4	5	6
der **Esel**			das **Mofa**		der **Ofen**
7	8	9	10	11	12
	die **Nase**		das **Sofa**	das **Los**	

Welche Wörter passen zu den Bildern?

7. das Lama	8. die Oma	9. die Insel
10. das Ufo	11. das Mus	12. der Hase

 → die Schere

das Lama → 

1	2	3	4	5	6
	der Fisch			die Hose	
7	8	9	10	11	12
	der Schal	die Schere	das Tor		der Hut

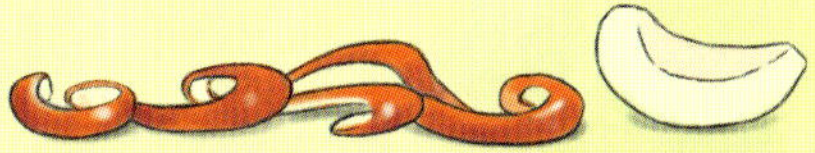

Welche Wörter gehören zu den Bildern?

1.

2.

3.

4.

5.

6.

7. der Motor

8. der Rasen

9. die Kuh

10. das Reh

11. der Rabe

12. die Mama

 → der Hahn

der Motor → 

1	2	3	4	5	6
	die Feder		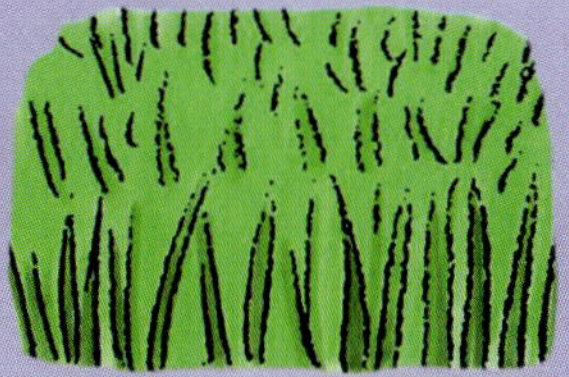	der Hahn	
7	**8**	**9**	**10**	**11**	**12**
	das Schaf	das Tal	der Schuh		der Maler

Ordne die Wörter den Bildern zu!

7.	8.	9.
der Besen	der Salat	die Oase
10.	**11.**	**12.**
der Laden	der Saft	die Meise

 → der Baum

der Besen → 

1 	2 das Foto	3 das Lama	4 die Leiter	5 	6 das Haus
7 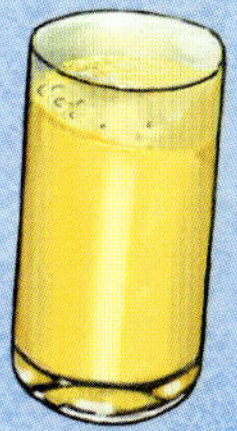	8 der Eimer	9 	10 	11 der Baum	12 

Was passt zusammen?

1.

2.

3.

4.
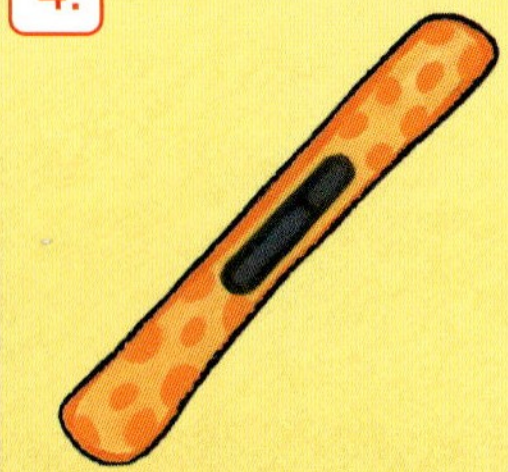

5.

6.

7. die Nadel

8. der Hafen

9. die Hupe

10. die Seife

11. die Taube

12. der Opa

 → die Maus

die Nadel → 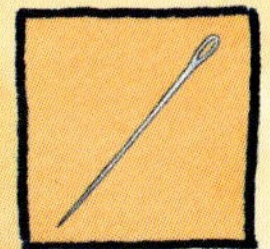

1	2	3	4	5	6
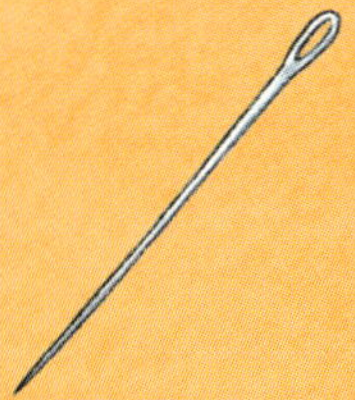		das Radio	die Rose	die Tube	
7	8	9	10	11	12
der Schi	die Maus			der Hof	

1. 	2. 	3. 
4. 	5. 	6. 

7. der Nagel	8. die Taube	9. der Euro
10. die Leine	11. der Rabe	12. der Kater

 → der Dino

der Nagel → 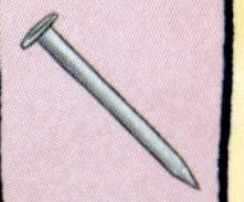

1 	2 der Tiger	3 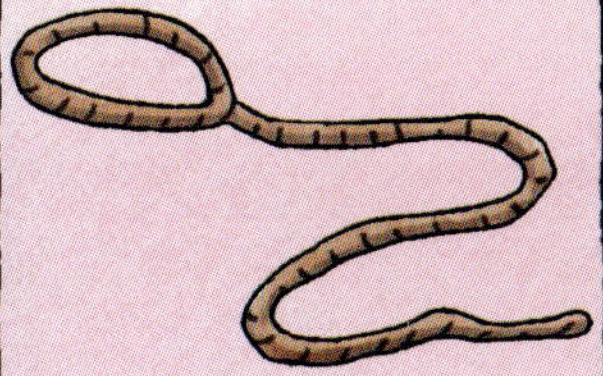	4 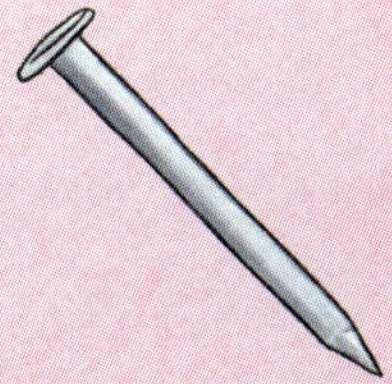	5 die Tafel	6 der Pudel
7 	8 die Kugel	9 der Dino	10 die Geige	11 	12 

Findest du die richtigen Wörter?

7. die Note
8. der Wagen
9. das Buch
10. der Haken
11. der Pirat
12. der Tisch

 → die Hupe

die Note → 

1	2	3	4	5	6
	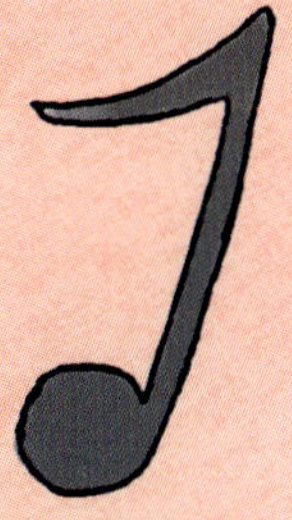	der Opa	der Regen		die Meise
7	8	9	10	11	12
die Hupe	das Feuer				das Ei

Welche Bilder und Wörter gehören zusammen?

1.

2.

3.

4.

5.

6.

7. die Beule

8. der Delfin

9. die Dusche

10. das Segel

11. das Kanu

12. das Beil

 → die Gabel

die Beule → 

1	2	3	4	5	6
das Seil	der Haken		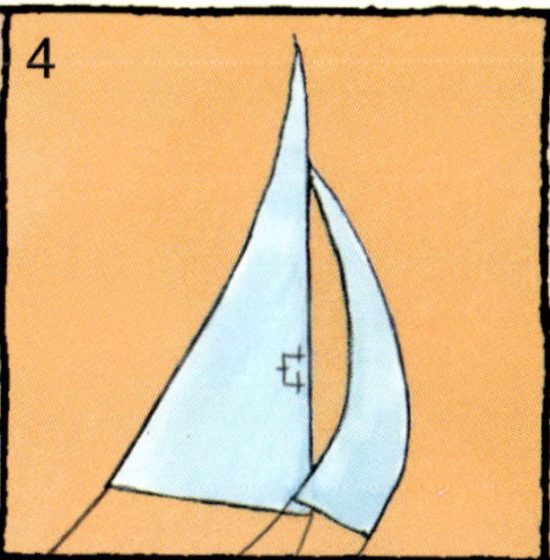		das Kamel

7	8	9	10	11	12
		die Lupe	die Gabel	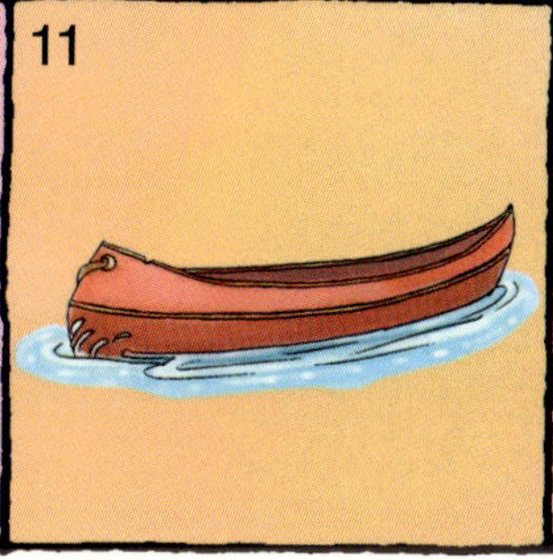	der Turm

Kennst du die Bilder und Wörter?

1.

2.

3.

4.

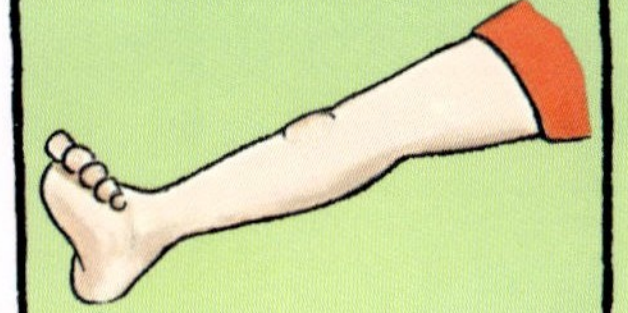

5.

6.

7. der Faden

8. der Schuh

9. der Vogel

10. der Weg

11. das Radio

12. der Bach

 → die Kuh

der Faden → 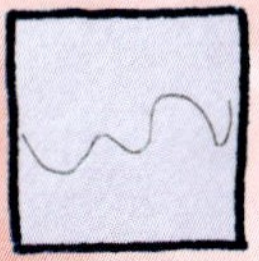

1	2	3	4	5	6
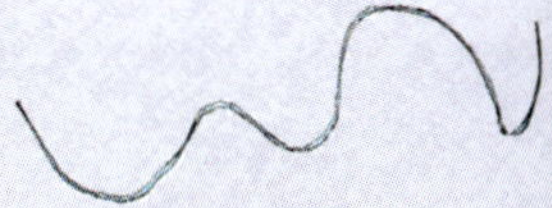	die Kuh		der Wal	das Ufo	
7	**8**	**9**	**10**	**11**	**12**
das Bein			die Säge		die Dose

Welche Wörter und Bilder passen?

1.

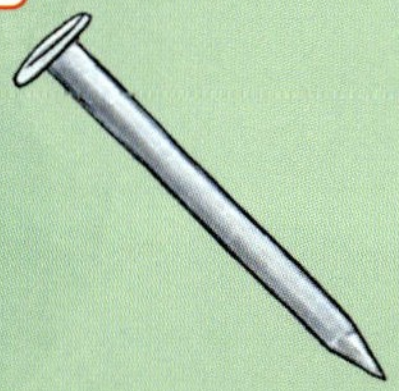

2.

3.

4.

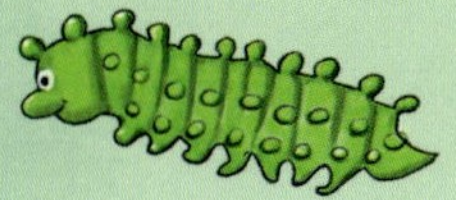

5.

6.

7. der Fisch

8. das Bein

9. der Zug

10. der Nebel

11. das Foto

12. die Gabel

 → der Nagel

der Fisch → 

1 	2 der Saft	3 der Nagel	4 die Raupe	5 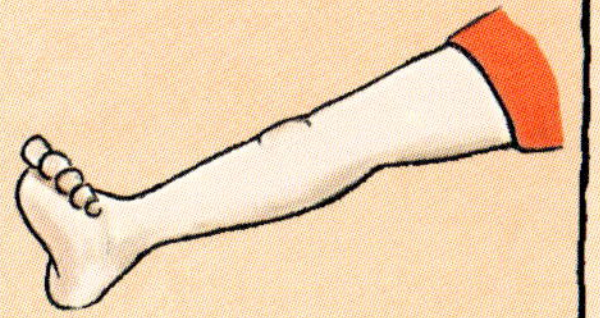	6 
7 	8 der Esel	9 	10 	11 das Auge	12 die Insel

7. das Auto

8. die Bude

9. die Meise

das Lama

10. die Rute

11. der Kegel

12. der Laden

 → der Besen

das Auto → 

1	2	3	4	5	6
der Käse				der Riese	der Besen
7	8	9	10	11	12
der Pirat	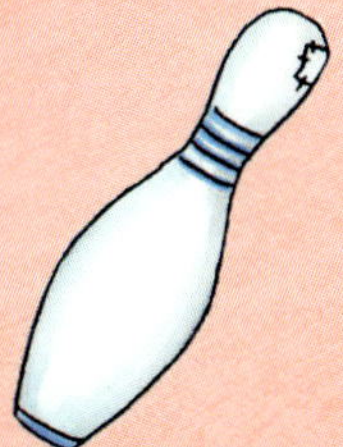	der Bügel	die Tüte		

1.

2.

3.

4.

5.

6.

7. der Hügel

8. das Maul

9. der Eimer

10. die Möwe

11. das Feuer

12. die Säge

 → die Tür

der Hügel → 

1

2
die Maus

3

4
der Wagen

5
die Mauer

6

7
die Tür

8

9

10
der Delfin

11

12
das Paket

Welches Wort passt zu welchem Bild?

7. das Sieb	8. der Haken	9. die Maus
10. der Cent	11. die Raupe	12. der Löwe

 → der Rabe

das Sieb →